岭南 

非物质文化遗产保护研究

动漫故事“波罗诞”庙会

编著 雷 莹

顾问 肖汉江

暨南大学出版社
JINAN UNIVERSITY PRESS

中国·广州

图书在版编目（CIP）数据

岭南非物质文化遗产保护研究/雷莹编著. —广州：暨南大学出版社，2013.6

ISBN 978-7-5668-0551-5

Ⅰ.①岭… Ⅱ.①雷… Ⅲ.①岭南—文化遗产—保护—研究
Ⅳ.①K296.5

中国版本图书馆 CIP 数据核字（2013）第 086790 号

出版发行：暨南大学出版社

地　址：中国广州暨南大学
电　话：总编室（8620）85221601
　　　　营销部（8620）85225284　85228291　85228292（邮购）
传　真：（8620）85221583（办公室）　85223774（营销部）
邮　编：510630
网　址：http：//www.jnupress.com　http：//press.jnu.edu.cn

排　版：广州市铧建商务服务有限公司
印　刷：湛江日报社印刷厂

开　本：890mm×1240mm　1/32
印　张：3.25
字　数：80 千
版　次：2013 年 6 月第 1 版
印　次：2013 年 6 月第 1 次

定　价：32.00 元

前　言

南海神庙位于广州市黄埔区，始建于隋开皇十四年（594年），至今已有1400余年历史，是中国古代四大海神庙中唯一留存的、规模最大、最完整的历史建筑，是西汉以来海上丝绸之路的重要见证。“波罗诞”庙会是珠江三角洲地区最具特色的民间传统节庆活动和规模最大的民间庙会，历经千年仍长盛不衰，于2010年6月被列入第三批国家级非物质文化遗产推荐项目民俗信仰类名录，并拟申报世界级非物质文化遗产。

非物质文化遗产指被各群体、团体，有时被个人视为其文化遗产的各种实践、表演等文化场所。每一个群体都有保存自己记忆的独特方式，或建筑纪念物，或用习俗，或用仪式……并使这种代代相传的文化遗产得到更新，使它们具有一种认同感和历史感，促进了文化的多样性和人类创造力的发展。

本研究对“波罗诞”庙会这一非物质文化遗产的艺术特征、传承机制、保护方式进行了探讨，通过图形表现、历史建筑保护研究，使无形遗产的集体记忆能够被感知、被保护，并宣传和积极倡导非物质文化遗产的保护和实践。

“波罗诞”庙会蕴含了国家海神祭祀、岭南民间信仰和习俗、海上丝绸之路贸易文化的多重意义。

在人类社会，文化的传承载体是人而不是器物，器物只是文化传统的物化表现，而不是文化传统本身。南海神庙不只是一座建筑，更是一个民俗崇拜的地点、一个历史事件发生的场所。

岭南

非物质文化遗产

保护研究

●

引子

动漫故事『波罗诞』庙会

我是“波罗仔”，旁边拿刀的是“波罗鸡国王”，
我们准备去广州朝贡，参加“波罗诞”庙会啦。

LEGEND OF POLO

南海一号

到了扶胥港，抓紧时间备货，大家赶快吃了上船吧，吃不完可以打包的喔。

波罗鸡合营

大殿雄伟，场面欢庆，唐朝的官员体面气派；
“波罗仔”和“波罗鸡国王”受宠若惊。

5

“波罗仔”和“波罗鸡国王”顺道去游玩哈。

耶，广州欢迎您！“波罗鸡国王”到此一游。

欧洲的商人也有海盗吖，我“波罗鸡”不怕。

船划快点啦，我要去看“波罗鸡国王”和小罗的球赛了。

平价海鲜
厨
鲜
虾

“波罗诞”庙会的小吃真是丰富吖，水果还有进口货，海鲜、烧烤、老火靓汤，也都有，螃蟹都是活的，价格真系平啊。要吃快点买吖。

丝绸
茶

庙会闭幕啦，码头也消停了……这次的交易收获不小吧，干杯！

“波罗鸡”：小罗要走了，哇哇哇……
小罗：“南海神庙”是个宝地吖，鸡公榄都来了；夫人，下次再见喔。拜拜！

第一章 绪论

一、本项目的主要研究对象及研究内容

南海神庙位于广州市黄埔区，建于隋开皇十四年（594年），至今已有1400多年的历史，是中国古代四大海神庙中唯一留存的、最完整、规模最大的建筑群，是我国古代对外海上交通贸易的重要遗址，也是西汉以来海上丝绸之路发源于广州的重要见证。其庙会“波罗诞”是珠江三角洲地区独具特色的民间传统节庆活动和最大的民间庙会，历经千年仍长盛不衰。“波罗诞”庙会于2010年6月被列入第三批国家级非物质文化遗产推荐项目民俗信仰类名录，并拟申报世界级非物质文化遗产。

图1　南海神庙

联合国教科文组织专员木卡拉将非物质文化遗产解释为：“物质文化遗产指有形的或不可移动的物体或景观，如印度的泰姬陵、中国的长城和埃及的金字塔，这些物体或景观对人类

文化和历史有重要意义。以此类推，我们可以说非物质文化遗产是无形及不可触摸的。而令人惊奇的是，融入一个国家文化的传统技艺或宗教活动的产物也被称为非物质遗产，如手工艺品、建筑和服饰。非物质文化遗产还可以被定义为各种形式的传统、大众或民间文化。”

国务院办公厅在《关于加强我国非物质文化遗产保护工作的意见》中明确指出非物质文化遗产的范围包括：①口头传统，包括作为文化载体的语言；②传统表演艺术；③民族活动、礼仪、节庆；④有关自然界和宇宙的民间传统知识和实践；⑤传统手工艺技能；⑥与上述表现形式相关的文化空间。

拟定研究内容：结合2010年的广州亚运会，向国内外游客宣传“波罗诞”的民间传统文化，使独具岭南特色的非物质文化遗产成为全国的民俗文化品牌；深入发掘南海神庙的特定艺术元素，宣传和提升南海神庙的文化品位，将南海神庙代代相传的“活态”文化延续下去。

二、该课题的研究现状分析

2010年5月，广东省政府做了《将南海神庙打造成为岭南文化旅游精品》的专题调研报告，将南海神庙定位为“广州历史文化的一个大‘月亮’，是广东发达的海洋文明的见证”。

近几年，广州市政府投入资金对南海神庙及其周边的环境进行了整治，已使其面貌焕然一新，但除了每年“波罗诞庙会”前后一周的人流量比较多以外，平时游客稀少。对外宣传力度还远远不够。

目前南海神庙只是作为古庙对外开放，以拜神为主，可吸引人们眼球的文物展品不多，对古庙和海上丝绸之路深邃的文化内涵发掘得较少，达不到寓史于游、寓游于乐的效果。作为图片宣传的资料已有很多种表现形式，但是用动画载体来表现和宣传南海神庙的艺术作品，目前还未见到。

三、研究项目概况

《岭南非物质文化遗产保护研究》于 2010 年 12 月 6 日由广东省哲学社会科学“十一五”规划批准资助立项［粤社科规划办通 2010（25）号 GD10CYS05］。

课题组成员在项目申报之初就开始了研究工作，几次赴南海神庙现场实地考察，并参观了 2010 年 3 月 26 日的“波罗诞”庙会，收集相关图形、图像和文字资料。

南海神庙“波罗诞”庙会是广州乃至珠三角地区最大的民间庙会，是国家级非物质文化遗产。南海神庙被誉为“南方碑林”，该课题通过解读其视觉元素，用图像作为传递的语境，使之视觉化、符号化，成为传播和沟通世界的“通用语言”。近年在广州市政府打造历史文化名城的大背景下，南海神庙“波罗诞”无疑成为一张有力的文化名片。

南海神庙规模宏大，占地面积 3 万平方米，深五进，中轴线上由南而北分别有牌坊、头门、仪门、礼亭、大殿、后殿，两侧有廊庑，西南小岗上有浴日亭。现存建筑多为清代结构。庙宇建筑布局具有早期建筑特色，如仪门的复廊形制、头门的垫台等，据专家考证，尚存周代建筑遗风。中轴两旁为廊庑、

（一）

（二）

图2　现场图片

碑亭等。牌坊为三间四进柱冲天式，花岗岩石打制，正面石刻“海不扬波”四字。头门建于清代，面阔三间，进深二间，分心墙用两柱，梁加雕刻鳌鱼等纹饰，前后两侧均设垫台，硬山顶，二龙争珠陶塑瓦脊。门前置一对红砂岩石狮，两侧为八字墙影壁。仪门面宽三间、进深四间，硬山顶，两侧与复廊相通。该庙因珍藏历代皇帝及韩愈、苏轼等名人碑刻而被誉为“南方碑林”。

四、拟定研究路线

“南海一号”的成功打捞，使得海上丝绸之路再一次成为世人关注的热点。为了配合申遗和挖掘、宣传岭南传统历史文化，该课题将“波罗鸡”设计为卡通形象，通过动画的表现手法，讲述一段真实的传奇故事，以期达到宣传广州和弘扬历史传统文化的目的。

1. 创作漫画《POLO》、完成动画《“波罗鸡”的传说》。

2. 在国内学术期刊公开发表了4篇论文：

（1）《南海神庙的视觉艺术元素分析》；

（2）《再现“波罗鸡”的艺术形象特征》；

（3）《岭南“波罗诞”庙会的“活态”艺术表现形式》；

（4）《南海神庙民俗文化之“波罗诞”活态视觉形象分析》。

3. 完成《岭南非物质文化遗产保护研究》的研究报告。

五、取得研究成果

（一）学术论文

1.《动画表现岭南“波罗诞”庙会的“活态”艺术形式》2011 年 11 月发表于《装饰》。

2.《以图形传达南海神庙视觉元素》2011 年 7 月发表于《美术大观》。

3.《再现“波罗鸡”的艺术形象特征——民俗动画中的角色塑造》2011 年 8 月发表于《美术大观》。

4.《非物质文化视角下的南海神庙历史建筑保护》2012 年 2 月发表于《华中建筑》。

5.《岭南民俗的动画表现——“波罗诞”庙会的故事》获“优秀论文奖”。

（北京电影学院第十届“动画学院奖”，2010 年 12 月）

（二）创作“波罗鸡”漫画作品

1. 漫画《POLO》获“优秀作品奖”。

（教育部、文化部主办的“首届中国学生原创动漫作品大赛”，2010 年 12 月）

2. 漫画《POLO》获“入围证书”。

[“2010 Aniwow! 第五届中国（北京）国际大学生动画节”，2010 年 10 月]

（三）创作动画《“波罗鸡”的传说》

1. 动画《“波罗鸡”的传说》获得“入围证书”。

（北京电影学院第十届“动画学院奖”，2010 年 12 月）

2. 动画《“波罗鸡”的传说》获得“入选证书”。

（中国电影家协会动画电影工作委员会“首届中国动画艺术大展”，2011 年 11 月）

岭南
非物质文化遗产
保护研究

第二章 图形传达

南海神庙特定的艺术元素

一、“波罗鸡”是民间塑造的艺术形象

“波罗鸡”是广州黄埔区南海神庙（即波罗庙）的传统手工艺品，以硬纸糊泥土造型，表层加鸡毛粘制而成。每年农历二月十三日“波罗诞”庙会时，附近民众除了到庙里进香礼拜之外，总会买几只“波罗鸡”回家，祈求幸福安康，吉庆满盈。

“波罗诞”庙会上的工艺品“波罗鸡”款式有好几种，形象和工艺不尽相同，被公认为经典的一款造型最引人注目：头和冠为大红色，身和尾为洋红，双翼鹦鹉绿，嘴和脚则是鲜艳的黄色，鸡冠硕大，而腿也比普通的鸡要长。有人觉得经典的“波罗鸡”形象太夸张，似凤，不像鸡，但却没有人声称它不是鸡。这“像与不像”恰恰是民间美术的典型特征之一，因为夸张是为了达到与人们心目中“神韵”的相似，而非追求事物表象层面上一对一的模拟。

“波罗鸡”是从民间走出来的艺术形象，它的诞生和流传有着深厚的地域历史背景，集结了浓郁的民俗风情，是人们朴素的天人观、审美观的一个缩影。事实上，“波罗鸡”从传播学的角度上来说，已经超出了纯物质的工艺品范畴，它衍申为特定的文化符号，我们对其运用就必须以一定的形式载体来进行固化，而运用动画形式来表现“波罗鸡”的文化内涵就是其中的一种特具意义的尝试与探索。

图3　波罗鸡

二、南海神庙特定的艺术元素

南海神庙有着特定的艺术元素，“南海一号”和海上丝绸之路一直以来是世人关注的热点，正如康定斯基所说，它们包含的是一种“具有倾向性的张力”。那我们如何宣传岭南文化和弘扬历史传统文化，将南海神庙代代相传的“活态”文化延续下去呢？这是摆在人们面前的一个具有挑战性的课题。

海德格尔的存在论现象学认为：“美并不是艺术的对象，而是艺术自身的肌肤和血肉，是它自身的存在。”南海神庙的视觉传达元素包括“海不扬波”牌坊、波罗树、华表、明代石狮、塾台、御碑等遗留下来的历史古迹。这些元素，为岭南艺术与南海神庙美的显现奠定了崭新的基础。

创作中艺术元素的提取，是对岭南民俗精神的解读和领悟，结合神庙内供奉的南海神及其妻儿，以及远洋的客人达奚司空，他们具有的半人间半仙境的官职、身份和美德，形成一幅人神同乐的画卷，汇聚了天、地、人、神。将广州亚运的文化内涵与岭南非物质文化遗产进行互动，具有继承和创新的鲜明特点。

用图形勾画远古的故事，“哥德堡Ⅲ号”是对外贸易的记录，显现南海神庙精神本质的意义，通过它特有的岭南艺术和视觉元素——宗教、古建筑、书法、雕刻等，再现广州作为对外交通和对外贸易繁荣时期的一个缩影，深入挖掘它的历史价值、文化价值与旅游价值。

三、漫画解构“波罗鸡”

解构“波罗鸡”的漫画形象，“波罗鸡”形象似凤，不像鸡，但没有人说它不是鸡，这“像与不像”恰恰是民间美术的典型特征之一，夸张是为了达到与人们心目中“神韵”的相似，而非追求事物表象层面上的模拟。

角色形象定位夸张、神似等手法，借助于象征和想象，反映了南海神庙的地域特色和传说故事中的生活理想与愿望。通过写实、联想，借鉴南海神庙图案元素创作具有岭南民俗特征的民间形象，做到了人物本土化，角色形象艺术化。

“波罗鸡”形象的创作，包含对民俗精神的深度解读和领悟，结合现代的设计思维方式，对民间元素进行筛选、打散和

图 4　角色形象设计

重构，使其具有继承和创新的鲜明特点。“波罗鸡”由于其出身的草根性，原本形象就具有良好的民众基础，因此“波罗鸡”也是庙会活动的文化名片。如何以它作为形象大使推广地区民俗文化是我们目前需要研究的一个课题。

岭南本土元素在具有地方特色的漫画创作中发挥了重要的作用，使得《“波罗鸡”的传说》漫画作品形成角色及场景设计的独特风格，具有鲜明的地方特征。漫画角色感情强烈外露，动作明显夸张，场景创作以线稿和数位板上色的表现方法，使其线条和色调个性突出、民俗味强烈、张力十足，是岭南传统图案元素通过现代形式表现的尝试。

附：取得的研究成果

1. 漫画《POLO》获“优秀作品奖”。

（教育部、文化部主办的“首届中国学生原创动漫作品大赛”，2010 年 12 月）

图5　漫画《POLO》

2. 漫画《POLO》获“入围证书”。

［“2010 Aniwow！第五届中国（北京）国际大学生动画节”，2010 年 10 月］

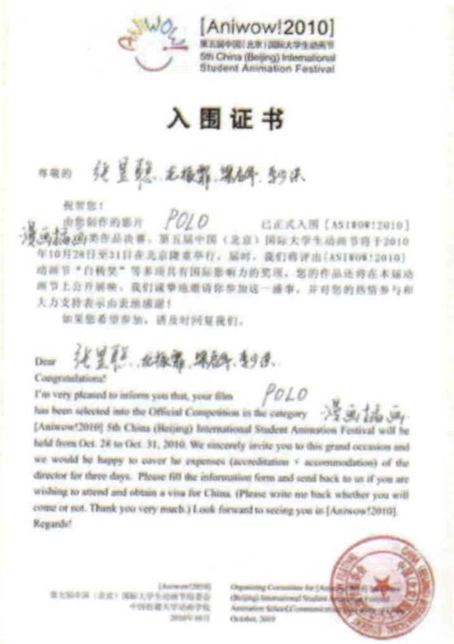

[Aniwow!2010]
第五届中国（北京）国际大学生动画节
5th China (Beijing) International Student Animation Festival

入围证书

尊敬的 张昱聪、龙振霏、梁启华、李少洪

祝贺您！

由您制作的影片 POLO 已正式入围［ANIWOW!2010］漫画插画类作品决赛，第五届中国（北京）国际大学生动画节将于2010年10月28日至31日在北京隆重举行，届时，我们将评出［ANIWOW!2010］动画节"白杨奖"等多项具有国际影响力的奖项，您的作品还将在本届动画节上公开展映，我们诚挚地邀请你参加这一盛事，并对您的热情参与和大力支持表示由衷地感谢！

如果您希望参加，请及时回复我们。

Dear 张昱聪、龙振霏、梁启华、李少洪

Congratulations!

I'm very pleased to inform you that, your film POLO has been selected into the Official Competition in the category 漫画插画. [Aniwow!2010] 5th China (Beijing) International Student Animation Festival will be held from Oct. 28 to Oct. 31, 2010. We sincerely invite you to this grand occasion and we would be happy to cover he expenses (accreditation + accommodation) of the director for three days. Please fill the information form and send back to us if you are wishing to attend and obtain a visa for China. (Please write me back whether you will come or not. Thank you very much.) Look forward to seeing you in [Aniwow!2010].

Regards!

[Aniwow!2010]
第五届中国（北京）国际大学生动画节组委会
中国传媒大学动画学院
2010年10月

Organizing Committee for [Ani[illegible]] [illegible] (Beijing) International Student [illegible] Festival
Animation School,Communication [illegible]
October, 2010

第三章 非物质文化为动画《『波罗鸡』的传说》供养新鲜血液

一、动画《“波罗鸡”的传说》与民间故事

动画故事借鉴岭南非物质文化遗产的资源，向人们描述了流传已久的故事：公元594年，隋朝时期，广州的扶胥港“波罗庙码头”是南洋商船的必经地。在通商口岸边，坐落着祭海神的南海神庙。印度波罗人到中国来朝贡，被南海神庙的美景迷住了，使者达奚司空（片中名叫“波罗仔”）因贪恋当地风景未赶上船，留在了当地生活，开始了一连串的有趣故事：遇到海中恶龙出来兴风作浪，威胁海民安全，“波罗仔”与他的朋友“波罗鸡”团结民众，与恶龙展开搏斗，保护了地方生灵，为南海神庙的村民带来幸福。港口因此被称作“海不扬波”，它迎来了“南海神号”，将当地的茶叶、丝绸和瓷器运到世界各地。“波罗诞”庙会成为民间集市，“波罗鸡”充当了外交使者，为岭南文化和南海神庙的对外贸易作出了贡献，也成为当地村民至今供奉的“神鸡”，是岭南特色文化的“活化石”。

用镜头进行角色再造，使“波罗鸡”产生新的时代特征和新形象，在千年世代相传的过程中成长，在与南海神庙历史的互动中不断地再创造，为大众提供持续的认同感，增强对文化多样性和人类创造力的尊重，表现南海神庙的文化空间，体现全方位的历史价值、文化价值。

民间传说中，“波罗鸡”作为单纯的吉祥物，并没有太多性格上的具体描述，它的形象是扁平的、象征性的。因此，我们的动画需要通过情节构建，赋予它勇敢善良的个性特征，塑

图6　民间传说构思

造具有内在精神的立体形象，为角色的视觉造型确定方向。

《“波罗鸡”的传说》分三个段落：第一段从古代广州码头兴盛的海运贸易讲起，一位来自波罗国的使者波罗仔因耽误商船返航时间，留在了广州，后来与神畜“波罗鸡”相识成为好友，并在“波罗鸡”的鼓励和帮助下变得勇敢坚强；第二段中，作恶的龙翻云覆雨，威胁海运安全，“波罗鸡”和波罗仔受南海神的点化，临危受命，团结民众击败恶龙；第三段，海路恢复平静，港口贸易日益繁荣，民众在岸边建起南海神庙，定每年农历二月十三为“波罗诞”祭海日，并在庙前举办庙会，纪念“波罗鸡”和波罗仔的抗龙事迹。

仔细分析，我们的动画情节就是由数个民间故事改编连接而成的，如“番鬼望波罗”“南海神庇佑海航平安”“神鸡招财”等，同样的意念下，人物关系、时空关系根据需要做了新

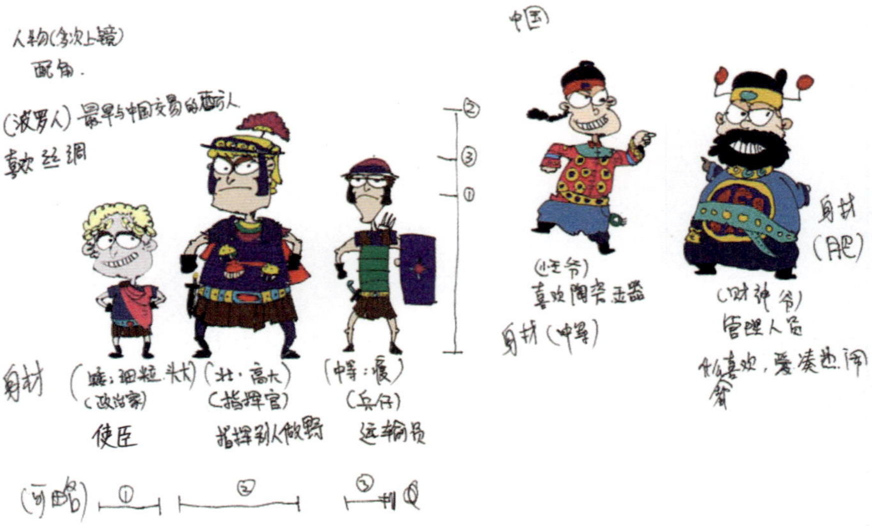

图7　人物形象设计

的改动。其中，“波罗鸡”经改造升级，成为抗龙英雄，这与民间年画《鸡除五毒（虫）》的意念同出一辙，鸡啄害虫为食是天性，那么得到神助的“波罗鸡”锄恶龙自然是情理中的，况且维护海上安全就等于保住了对外贸易的生财之道，呼应了“神鸡招财”的民间说法。而波罗仔的原型就是“番鬼望波罗”中的印度（古称波罗国）朝贡使臣达奚司空，传说中，这位使臣因流连广州美景而错过返国的船只，于是日夜望海期盼航船归来。动画中，我们沿用误船故事，添加上波罗仔在孤独无援的情况下得到“波罗鸡”陪伴和帮助的情节，正好突出了神鸡的善良与真诚。

二、“波罗鸡”的“像与不像”

“波罗鸡”是“神鸡”，“夸张如凤”恰好表现了它的“神”性。“像与不像”是民间美术的典型特征之一，夸张是为了达到与人们心目中“神韵”的相似，而非追求事物表象层面上一对一的模拟。“像”是因为它是对鸡特征的高度概括，“不像”是因为它融入了人们精神情感上的诉求，事实上，民间艺术形象在千百年的岁月更替中，总会随时代气质、应用环境和人们审美需求的变化而变化，它的面貌并无一成不变的模式。那么，如今在动画的语境下又该怎样去设计“波罗鸡”呢？经典造型的“波罗鸡”工艺品形象中隐藏的“像与不像”给了我们很大启示。

其一，中国传统艺术创作中的“像”不是以外表的绝对象形为标准，它追求的是气质上的相似，因此，在动画造型上，我们大可以放开束缚进行想象和发挥。有人提出，经典造型的“波罗鸡”工艺品，形象流传甚广，一定程度上已经形成大众共识，动画角色设计也应当沿用其视觉特点。但实际上，不同的表现载体下定然有不同的表达方法，动画和手工艺品也一样，不相同是必然的，生搬硬套只会限制艺术创作的灵性发挥，最终走向狭隘和衰亡。“波罗鸡”动画造型设计关键是抓住角色的本质特征，将有利于表达意蕴的地方进行强化夸张，把表意不需要的部分弱化甚至去除，着重象征和隐喻，以动画造型语言特有的方式进行表达，不需要拘泥于对既有工艺品样式的刻意模仿和转换。

其二，创作的思路和造型手法可以大胆出新，但它必然受“度”的限制，“波罗鸡”的动画角色设计无论如何放开思路，我们的创作都必须以它的基本固有特征为前提，甚至强化表现这种固有的特征，而非天马行空地臆造。民间传统认为，鸡是由阳气积聚而成，以五行推算，鸡是“日之精”，是雄性的象征，因此，“波罗鸡”作为神鸡，必定是雄鸡的形象，而且是体魄雄健、神采飞扬的。市场上一些设计机构曾把“波罗鸡”画成Q版小鸡的模样，刚破壳的精灵样子固然可爱，但与神鸡破晓而啼，驱除黑暗带来光明的“神畜”形象却相差甚远。因此，我们不提倡这种摒弃本质的肆意改造，如果基本特征不存在，那么所表现的事物也将不复存在。

图8　“波罗鸡”工艺品

“波罗鸡”是具有丰富历史文化内涵的角色形象，只有抓住核心，从精神层面去解读它，才能真正表现好角色，增强其艺术感染力。

图 9　“波罗鸡”动画造型设计

三、动画角色的造型设计

创作期间，我们参考了各种表现形式的大量公鸡外形，力求为“波罗鸡”设定一个个性化的形象。在这过程中，我们的确遇到不少困难，主要是希望摆脱某些先入为主的造型模式的影响：一方面避免“波罗鸡”工艺品形象的程式化束缚，另一方面又要绕开《小鸡快跑》等国外大片角色外观的复制印象。我们认为，要解决问题，关键在于如何使用通俗化的视觉语言来表现民族的、有地方区域特点的内容和内涵。

我们设计的“波罗鸡”动画角色，通体棕黄毛色，眼睛又大又圆，身姿健硕，鲜红鸡冠挺立呈三叉形。以黄色为主调，既照顾到鸡的原生色彩运用，又凸显角色性格的活泼外向，最关键的是，黄色是中国传统中具有崇高地位的王者或神灵的象征，充分体现“波罗鸡”“神”性的一面。在体态上，“波罗鸡”圆乎的身体，饱满又不失灵巧，正好符合传统中对健康、吉祥在视觉表达上的要求。另外，角色的服装设计，我们考虑到广州的地方特点，气候温热多雨，旧时海边居民出门喜欢穿蓑衣，把“波罗鸡”服装设计成蓑衣的基本样式，用到鸡的身上为了突出身份，又将蓑衣的棕榈改成羽毛状，使得这身蓑衣鸡毛装既符合角色特点又具岭南特色，创意新颖又大方得体。最后，创作者灵机一动，在角色的背上加插了一把葵扇，这种搞笑的构思源自济公的标志性行头，挪来一用，让人联想到“波罗鸡”在使用法术时也葵扇一摇的场景，实在是一种非常本土化的幽默。“波罗鸡”的动画角色设计是多重文化元素组合的结果，将这些元素融合统一，使之外表生动灵气，细节处又在情理之中，耐人寻味。

传统题材的动画创作不是原始素材的照搬照抄，这种艺术演绎可以有多种表现方式，需要抓住民族文化的精神实质，用自己的语言来表述自己的故事。动画表现形式的自由带给我们无尽的可能，角色行为上的时空超越是“波罗鸡”动画透出时代感的一个重要的方面，这样的碰撞给观众带来了惊喜和耳目一新的感受。比如动画《“波罗鸡”的传说》中，在货运业务繁忙的波罗庙码头上，“波罗鸡”身披志愿者胸带，手晃红旗维持货运秩序。又如，在往来各国客商的港口边，“波罗鸡”凑到波罗仔旁边一起研读外语书……显然，手捧外语书和志愿者这两个情景并不属于神话中的时代，但与广州进出口交易会门前的招牌景象倒有几分相似，是从当代移植过去的。“波罗鸡”行为设计在时空上的错位运用，引导观众将思维从古代延

图 10　角色设计

至当下，间接讲述了广州从旧时海上丝绸之路的起点到今日国际商贸中心的历史发展事实，达到幽默中言之有物，创新中传之有道，让“波罗鸡”形象饱含时代的气息，趣味性十足。传统与现代的融合是创新的一种有效手法，民族文化与时代风尚的联系，要求作品在吸收与借鉴民间优秀艺术成果的同时，深入到文化结构内部去思考艺术与文化的关系，融入当代人的精神气质，这样才能使作品具有现代品位，创作出突显民族身份和本土意识的动画形象。

图 11　波罗鸡学外语、做志愿者

四、镜头叙事“波罗诞”庙会的共时性

“波罗诞”庙会的故事及其流传有着深厚的地域历史背景，集结了浓郁的民俗风情，是人们朴素的天人观、审美观的一个缩影。动画《“波罗鸡”的传说》从中汲取灵感，重塑“波罗鸡”这一艺术形象，包含对民俗精神的深度解读和领悟，结合现代的设计思维方式，是对民间元素进行筛选、打散和重构的艺术成果。

我们按照剧本的主题思想，分别构思许多镜头，然后再按原定的创作构思，把这些不同的镜头有机地、艺术地组织和剪辑在一起，使之产生连贯、对比、联想、衬托、悬念等联系，以及快慢不同的节奏，从而有选择地组成一部反映“波罗诞”庙会生活情趣和思想感情的叙事片，将场景建筑的元素组合、空间序列一一展现，使场所变得有意义。镜头的位移使南海神庙的场所得以显现，通过动画情节的叙事记忆过程，呈现时间和空间的共时性。

影像灵活的视听叙事手段不仅为时间，也为空间的畸变开拓出更多可能性。热奈特在他的《叙事话语》中说：“被讲述的事情的时间和叙事时间这两个时间序列的存在，使一切时间畸变成为可能。”

在广州后亚运时代，对一千多年的口口相传的叙事故事进行一定程度的梳理和总结是我们创作发展的新起点。把一种时间穿插进另一种时间，是动画《“波罗鸡”的传说》的魅力所在。

图 12　时空叙事

五、动画载体再现非物质文化遗产的岭南艺术元素

动画《“波罗鸡”的传说》是一个跨学科交流互动的尝试，是中国之意象思维与西方现象学的跨文化逻辑重组，是作为非物质文化遗产的岭南艺术元素通过动画载体的再现。

在整个作品中，贯穿岭南民间的装饰色彩，突出靓丽夺目和民俗的特点。通过鲜亮的色调产生强烈的视觉刺激，洋红色宣泄了喜悦，预示旺盛的生命力；鹦鹉绿表达了智慧和友善，红绿互补恰到好处地平衡了岭南乡土的情感，表现出更强的生命张力。

图 13　动画《“波罗鸡”的传说》

在片子的配乐中，我们遵循原创的理念，从岭南传统粤剧和民间音乐中汲取元素，如广州的咸水歌，岭南民间哄小孩入睡的儿歌：“月光光，照地堂……”等，使音乐和画面混为一体，传承岭南文化中民间艺术的风格。

动画作品贯穿“波罗鸡”的故事，探讨如何在“象”的创造中，生动地体现出天人合一的宇宙感与历史人生感：“超以象外，得其环中”，表达传说故事本身的节奏与和谐，勾勒艺术现象学跨文化传播的意义和前景。

附：取得的成果

1. 动画《“波罗鸡”的传说》获得“入围证书”。

（北京电影学院第十届“动画学院奖”，2010 年 12 月）

2. 动画《“波罗鸡”的传说》获得“入选证书”。

（中国电影家协会动画电影工作委员会主办的“首届中国动画艺术大展”，2011 年 11 月）

3.《岭南民俗的动画表现——“波罗诞”庙会的故事》获得“优秀论文奖”。

（北京电影学院第十届“动画学院奖”，2010 年 12 月）

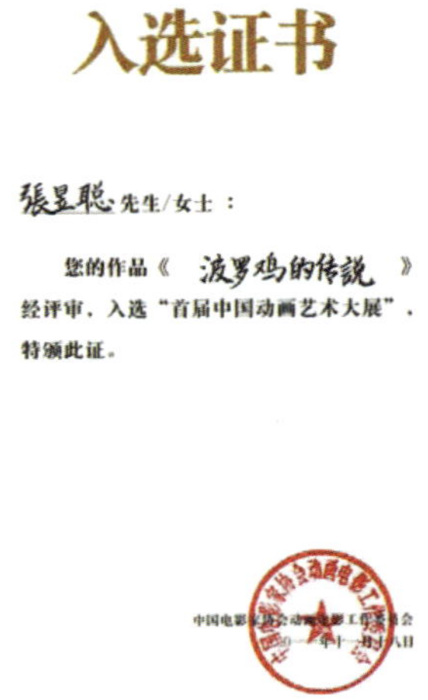

入选证书

張昱聪先生/女士：

您的作品《 波罗鸡的传說 》经评审，入选“首届中国动画艺术大展”，特颁此证。

中国电影家协会动画电影工作委员会
二〇一一年十一月[illegible]日

北京电影学院中国动画研究院
CHINA ANIMATION INSTITUTE OF BFA
北京电影学院动画学院
ANIMATION SCHOOL OF BFA

入围证书
Runner-up

10th Anniversary
ANIMATION ACADEMY AWARDS
第十届 动画学院奖
2000-2010 10周年

影片/Film

《波罗鸡的传说》
《The Legend Of POLO Chicken》

导演/Director

张昱聪 梁启华 黄思锐
徐侠 罗中允

动画学院院长签字
Signature of The president of Animation School

评委会主席签字
Signature of Committee Chairman

第十届动画学院奖组委会
北京电影学院中国动画研究院
北京电影学院动画学院
10th Animation Academy Awards Committee
China Animation Institute of Beijing Film Academy
Animation School of Beijing Film Academy
2010.12

北京电影学院中国动画研究院
CHINA ANIMATION INSTITUTE OF BFA
北京电影学院动画学院
ANIMATION SCHOOL OF BFA

优秀论文奖
The Outstanding Paper Award

10th Anniversary
ANIMATION ACADEMY AWARDS
第十届 动画学院奖
2000-2010 10周年

名称/Name

《岭南民俗的动画表现——“波罗诞”庙会的故事》

作者/Author

雷莹 李小敏
Lei Ying Li Xiaomin

动画学院院长签字
Signature of The president of Animation School

评委会主席签字
Signature of Committee Chairman

第十届动画学院奖组委会
北京电影学院中国动画研究院
北京电影学院动画学院
10th Animation Academy Awards Committee
China Animation Institute of Beijing Film Academy
Animation School of Beijing Film Academy
2010.12

第四章 南海神庙是凝聚和传递非物质文化遗产的场所

一、非物质文化视角下的南海神庙历史建筑保护

广州南海神庙始建于隋开皇十四年（公元 594 年），至今已有 1400 余年的历史，1962 年被列为广东省重点文物保护单位。它是我国现存规模最大、保存最完整、留下研究资料最齐全的海神庙，被看作中外交通史上的历史见证而受到今人关注，有“海上丝绸之路的起点”之说。南海神庙在历史上多次重建，南海神庙现存的主要建筑物是在 1985 年由龙庆忠先生主持进行复建的，包括头门、仪门、大殿等，几乎是完全重建。遗址的原有建筑也只是清初时的建筑，并经多次重修，建筑物的岁月价值与始建年代相去甚远。历史建筑物经过多次重建是我国历史古建筑的一个普遍现象，仅从建筑物的角度进行考量，难以全面认识、评价南海神庙的历史价值和意义。从南海神庙建筑多次重建的历史中可以发现，历史事件和民俗传统等非物质要素对建筑的历史价值，其中“完整性”和“原真性”意义产生了决定性的影响。

图 14　南海神庙总平面图（航拍图）

图 15　礼亭及大殿

二、南海神庙持续重建的非物质文化意义

一遍一遍地修复历史建筑，或者用传统技术和材料更新它们的技术，依靠代代相传而保留下来，以一种动态的方式记录、传递具有历史意义的物质生产、生活方式、思想观念、风俗习惯和社会风尚，并成为历史的一种“活态”见证。

南海神庙始建以来，1400 余年间，重修 20 次，平均 70 年一次，间隔大者 150 年，小者 20 年。建筑的重修或因朝代更迭、加封王号、社会动荡，或因自然毁坏，持续的修缮和多次重建使南海神庙延续至今，具有与社会、历史、生命的变化相关联的特定周期和节律，体现了中国传统文化的价值观和时间观。建筑原初的物质形态早已失灭，可考的建筑形态也只是清代建筑的遗址，实物建筑的历史不过三百余年，现存主要建筑物则不足 30 年历史。虽然建筑物的历史年代较短，但南海神庙保存至今却是从始建以来一直持续修缮、重建活动的结果。

在我国传统建筑文化中，人们并不重视建筑物质形态本身的历史，而是更关注建筑所营造出的场所特性，诸如叫什么地方，干什么用，代表着什么等等那些符号化的意义，用语言学的概念就是人们并不关注“能指”，而注重“所指”。梁思成先生在《中国建筑史》中指出：“盖中国自始即未有如古埃及刻意求永久不灭之工程，欲以人工与自然物体竟久存之实，且既安于新陈代谢之理，以自然生灭为定律；视建筑且如被服舆马，时得而更换之；未尝患原物之久暂，无使其永不残破之野心……修葺原物之风，远不及重建之盛；历代增修拆建，素不

重原物之保存，唯珍其旧址及其创建年代而已。”重建的建筑往往被冠以原来的名字，被认为是原来建筑的替身。这样更替建筑的活动和现象，是传统建造技艺、思想观念和风俗习惯的体现，具有典型的非物质文化意义。人类学家在进行文化研究时，关心的不是像斧头、外衣、房屋这些实物，而是与它们相关的观念、生产方式、使用方法，以及它们在人类生活中的地位。实物会被消耗掉，但这些知识、观念和功能将会传递给后代。维持物质的、有形的实体永远需要传统手工艺，即对“传统技能”的掌握，意味着属于 UNESCO2003 无形公约的保护对象。

附：南海神庙修建史表

（据《南海庙志》、《波罗外纪》）

序号	修建年代	公元纪年	建筑主要内容	年间隔	备注
1	隋开皇十四年	594	立祠、祭海神灵		
2	唐天宝六年	747	溢广利王，故庙易新之	153	
3	唐天宝十年	751	封四海王，循公侯之礼，明宫之制，前殿、后殿、后廷阙庑，重门，环墙、斋庐	4	
4	唐元和十四年	819	广此庙而大之，治其廷坛，改做东西两庑斋庐之房称广王庙	68	
5	宋开宝六年	973	重崇葺之	154	
6	宋嘉祐七年	1062	请尝修之	89	
7	宋元祐年间	1086—1093	载新祠宇	24	

（续上表）

序号	修建年代	公元纪年	建筑主要内容	年间隔	备注
8	宋乾道三年	1167	大兴营缮，改序厢为堂廊庑山亭水榭，建浴日亭榭	81	
9	宋庆元元年	1195	崇饰庙貌，彻而新之，环墙列楹、丹垩之饰，前列可卫，旁罗骑导	28	
10	元至元三十年	1293	重建此庙，大门三间，横二十二丈、翼以两庑、纵三十二丈，正殿巍然其中，又演两庑三十二丈至寝殿，大门、两庑、正寝殿、斋庖、宿馆凡 125 间	98	
11	元至正八年	1348	完葺	55	
12	明洪武二年	1369	命易，饰昏浸以丹黝，朱栋雕楹、兰庑桂殿、上侵云表而坛禅亭台	21	
13	明成化八年	1472	命新易之，易祠外木牌门为石牌门，易匾额，新大门、仪门、左右阶级、拜香亭、斋堂、斋房两楹	103	
14	明天启元年	1621	又修饰之	149	
15	清康熙四十四年	1705	重修庙宇	84	
16	清雍正三年	1725	复修殿宇、南立石表	20	
17	清道光二十九年	1849	又鼎新庙宇	124	
18	清宣统二年	1910	重修神庙、韩碑亭	61	
19	民国十四年	1925	重修礼亭、后殿	15	
20	新中国	1985	重修庙宇	60	

资料来源：程建军．南海神庙大殿复原研究（三）——南北古建筑木构架技术异同初论［J］．古建园林技术，1989（4）．

三、“完整性”中的非物质文化内涵

从《威尼斯宪章》到《西安宣言》，文化遗产“完整性”的内涵发生了很大变化。最初，“完整性”只是为了确保纪念物的安全而保护其周边环境；之后，“完整性”考虑到经济、社会等方面因素对遗产的影响；现在，“完整性”概念包含了有形与无形、历史与现在、人工与自然等多方面因素。

《西安宣言》通过对文化遗产背景环境的探讨，提出对“完整性”要素的新理解：“环境还包括与自然环境之间的相互作用，过去的或现在的社会和精神活动、习俗、传统知识等非物质文化遗产方面的利用或活动，以及其他非物质文化遗产形式。”2008年《魁北克宣言》强调无形文化遗产可为整体遗产提供更丰富、更完整的意义。建筑遗产的价值不仅在于建筑物、构筑物、空间的实体和物质形态，也在于使用它们和理解它们的方法，以及附着在它们之上的传统、人的记忆与习俗。

南海神庙原是历史上岳镇海渎国家祭祀的组成部分，祭祀活动自隋代一直延续至清代，历代皇帝曾对南海神多次加封，海上丝绸之路史迹、历代名人诗文也为南海神庙增添了风采。南海神庙保存了大量历代皇帝、官员、文人的诗文碑刻，如唐韩愈的《南海神庙碑》、宋苏轼的《南海浴日亭》诗、明汤显祖的《浴日亭和东坡韵》诗等，被誉为“南方碑林”。民间“波罗诞”（南海神诞）庙会始于宋代，传承千年不衰，是广州最有代表性的民俗文化盛典和民间节日。“波罗诞”庙会于2010年6月被列入第三批国家级非物质文化遗产推荐项目民俗信仰类名录。

南海神庙被称为“波罗庙”，吉祥物称“波罗鸡”，“波罗”的名称和鸡的形象都带有强烈的古南越民俗气息，神庙内供奉的南海神、昭灵夫人及其子嗣，以及传说中天竺（印度）属国波罗使者达奚司空，都具有半人间、半仙境的官职、身份和美德，具体而形象地表达了传统礼制、地方习俗等非物质文化意义。庙会的活动包括祭海、五子朝王、巡游等民俗活动，蕴含了国家海神祭祀、岭南民间信仰和习俗、海上丝绸之路贸易文化的多重意义。

2008 年国际古迹遗址理事会（ICOMOS）“发现地点的精神”会议指出：要理解过去历史留下的痕迹，不能不审查它们的精神。文物和遗址上承载着我们的记忆的烙印——这些是我们想传给后代、让他们理解的。这些精神存在于遗产的本质当中并定义、诉说和再生它的意义。

四、非物质文化对“原真性”的影响

1994 年《奈良宣言》在强调保护文物古迹原真性的同时肯定了原真性意义的多样性。文件指出：原真性不应被理解为文化遗产的价值本身，而是我们对文化遗产价值的理解，取决于有关信息来源是否确凿有效，原真性的原则性就在于此。所有的文化和社会均扎根于由各种历史遗产所构成的有形或无形的固有表现形式和手法之中，对此应给予充分的尊重。物质形态的文化遗产和非物质文化遗产彼此是相互依赖而存在的，只有当有形的文化遗产中所蕴含的无形的文化要素被理解和尊重的时候，它“全部的真实性”才可能得以保存。津巴布韦会议在《奈良文件》的基础上提出了真实性判断的信息来源还应该包含“语言和其他形式的非物质遗产”。正如《北京文件》所言：“真实性可以理解为信息来源的可靠性和真实性。文物建筑与遗址本身作为信息的来源具有根本的重要性，体现在诸如形式与设计、原料与材料、用途与功能、位置与环境，以及传统知识体系、口头传统与技艺、精神与情感等因素中。”

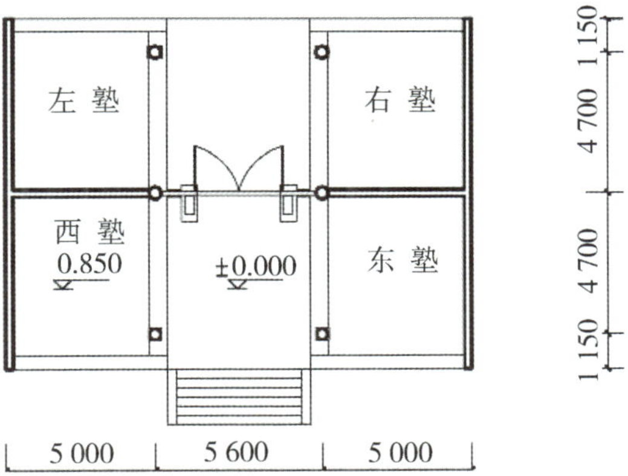

图 16　南海神庙头门平面图

注：根据程建军. 古建筑的“活化石”——南海神庙头门、仪门复廊的文物价值及修建研究［J］. 古建园林技术，1993（1）绘制

东方对于“原真性”的看法基于一种传统观念，即不对原件和复制品进行本质的区别，常常会更换建筑物的构件和材料，甚至色彩，而建筑的整体性和传统工艺则保持延续不断。可以说，东方传统注重的是“无形价值”，而西方注重的是有形的物质特征。日本的伊势神宫，以“式年造替”的传统惯例闻名，每隔 20 年会重建宫殿。在伊势神宫有两块并列的土地，

图 17　头门照片

当一块土地内的宫殿建成 20 年后，按照传统惯例即要在另一基地上，开始按原样建设新的宫殿。整个重建的过程，包括木材砍伐、加工、建造，到拆除原有的建筑的完整仪式都是日本文化独特的反映，伊势神宫作为一种物质存在已经与非物质文化的建造、祭祀活动融为一体，20 年历史的建筑物表达了 1300 余年的历史价值。伊势神宫的建筑完好地保持了奈良时代的式样，宫殿内保存着公元 712 年成书的《古事记》，记载着天皇的家谱。日本的皇位继承和中国的改朝换代不同，现任天皇的血统可以追溯到第一代天皇。

南海神庙在多次重建后总体布局仍保持着唐代建筑的形制，宽广通串的回廊，门堂制，仪门复廊，前朝后寝，内外槽的柱网，壮观的中庭……均是唐风的体现，具有礼制建筑的典型特征。南海神庙的头门为一门四塾，平面长宽比例为 9∶7，符合《考工记》周宗庙门堂之比例；头门梁架遍漆黑色，具有《礼记》“天子丹，诸侯黝，大夫苍，士黈”的遗风。

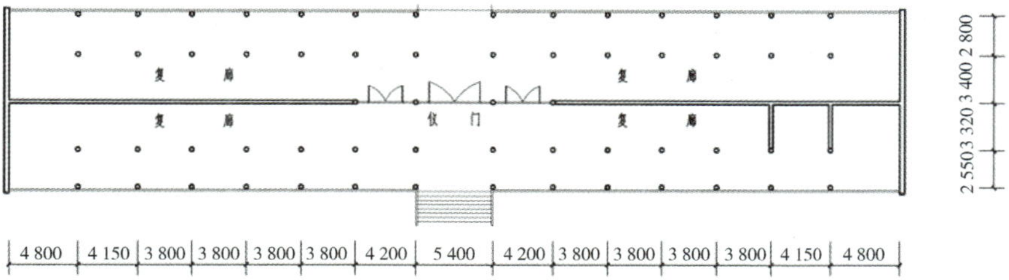

图 18　仪门复廊平面图

注：根据程建军. 古建筑的“活化石”——南海神庙头门、仪门复廊的文物价值及修建研究［J］. 古建园林技术，1993（1）绘制

仪门复廊门庑相连，广卑可居，为春秋之制，属国内孤例，被誉为中国古建筑的“活化石”，对研究唐以前的建筑形式和建筑制度具有重要意义。中国现存最早的木构建筑——南禅寺，重建于唐德宗建中三年（公元 782 年），距今已有 1200 余年的历史，虽然也不是完整的原初建构，但南禅寺将古老的历史信息以动态传承的方式传递至今。

图 19　仪门复廊

图 20　复廊内部

五、可持续的历史建筑保护

南海神庙在持续更替中保存延续，与特定群体认同感的世代传递紧密关联，建筑物在建成、更替过程中一直在使用，与那些仅仅代表过去的历史建筑物不同，一些与南海神庙相关的民俗非物质文化至今仍然保持着生命力和活力，建筑物也呈现出一种反复经历死亡后重生的生命节律，是以一种活态的方式世代相传的。以传统的工艺、材料、习俗对建筑物进行维护、重修或重建，建筑物以自然寿命或社会变革为周期更替，这种周期和时间的度量方式，具有中国文化的特点，是特定的生命观、时间观的体现，以活态、更替、持续的方式传递历史文化。

如果仅仅保护物质形态而不考虑非物质文化的影响，即便是最高标准的保护和修复最终也必然导致物质形态的灭失。保护文化遗产的意义在于使它们真真实实地可持续传递，不同的文化造就了不同的丰富遗产，也就需要不同的实践与之相配。中国的木构建筑由于木材自身的寿命较短，为了维持建筑的存在，需要通过持续的维修，替换掉部分受损的构件，甚至是完全重建，古代有着非常成熟的“偷梁换柱”和“落架大修”的方法和重修、鼎新的惯例。“道器分途”、“重道轻器”的价值取向影响了我们对历史建筑原真性的态度，但精神却一脉相承。

2007 年“东亚地区文物建筑保护理念与实践国际研讨会”形成的《北京文件》强调：要认识遗产资源的特性，保证其历史的、有形的和无形的方面都能在保护和修复中被维持。我们需要建立起既与世界文化标准接轨，同时又能体现我国历史建筑特点的保护制度和价值标准，正确理解有形和无形文化之间的共生关系，将建造、修缮过程作为具有非物质文化遗产意义的人类活动和实践进行保护。

南海神庙的保护应立足于对历史建筑物更替现象的肯定和传承，改变片面和静态保持物质形态原真性的观念，以动态、持续的方式，采用传统的工艺、材料对建筑物进行维护或原样重建，保持信息和文化传递的原真性和完整性，特别要避免采用现代技术延长木材或其他建筑材料的使用寿命，从而使建筑物的更替继续保持自然的生命节律。加强对重修、重建的档案记载，详细记录建筑物损毁、维修和重建的过程，确保南海神庙始建以来所有重建历史记录的完整性和延续性。此外，更为重要的是：对建造、维护活动的习俗、程序和仪式进行保护、培育和传承，将建造活动仪式化和神化，整合建造、庙会、祭祀、民俗等非物质文化，实现文化的可持续传递，使建筑物成为凝聚和传递非物质文化的场所。

岭南

非物质文化遗产

保护研究

第五章 无形遗产的有形（图形）再现

一、图形传达南海神庙视觉元素

“非物质文化遗产都是几百年、几千年传下来的，为什么能传下来，千古不绝？就在于有灵魂，有精神。一脉文心传万代，千古不绝是真魂。因此，非物质文化遗产的展出，不仅是一种文化教育，也是一种精神教育。”

“波罗诞”庙会表现的是一种有生命的“活”的文化。我们要使岭南文化的内涵具有发展性的形态，让它充满生机，有传播的可能。图形的意义就在于可以把文化融汇成崭新的艺术表现形态，使传统文化以新的方式再生、显现。

图 21　南海神庙

视觉形象设计是一个特殊的思维过程。人是用符号来思维的，符号是思维的主体。视觉形象设计的过程是一个将创意视觉化、符号化的过程。美国美学家苏珊·朗格曾说：“一个符号总是以简化的形式来表现它的意义，这正是我们可以把握它的原因。不论一件艺术品（甚至全部艺术活动）是何等的复杂、深奥和丰富，它都远比真实的生活简单。因此，艺术理论无疑是建立一个有效于生动现实的心灵概念这样一个更为伟大事业的序言。”

图案教育家陈之佛先生于 1928 年提出：“图案是构想图，它不仅是平面的，也是立体的；是创造性的计划，也是设计实施的阶段。”

二、艺术现象学解读历史事件

南海神庙有着特定的艺术元素，“南海一号”和海上丝绸之路一直以来是世人关注的热点，如康定斯基所说，它们包含的是一种“具有倾向性的张力”。如何宣传岭南文化和弘扬历史传统文化，将南海神庙代代相传的“活态”文化延续下去？如何在“象”的创造中，生动地体现出天人合一的宇宙感与历史人生感——“超以象外，得其环中”，表达传说故事本身的节奏与和谐，勾勒艺术现象学跨文化传播的意义和前景？

图形解读是发现图形意义的过程，不同的历史文化背景和场所事件对于图形的解读会产生不同的意义，而视觉符号被看作是某种事物的记号。视觉传达是一个特殊的思维过程。人类的意识过程，其实是一个将世界符号化的过程，人是用符号来思维的，符号是思维的主体。海德格尔的存在论现象学认为：“美并不是艺术的对象，而是艺术自身的肌肤和血肉，是它自身的存在。”南海神庙的视觉传达元素包括“海不扬波”牌坊、波罗树、华表、明代石狮、塾台、御碑等遗留下来的历史古迹。这些元素，为岭南艺术与南海神庙美的显现奠定了崭新的基础。

图 22　“波罗诞”庙会的场景

图 23　古时“哥德堡号”

用图形勾画远古的故事，“哥德堡号”是对外贸易的记录，显现南海神庙精神本质的意义，通过它特有的岭南艺术和视觉元素：宗教、古建筑、书法、雕刻等，再现广州作为对外交通和对外贸易繁荣的一个缩影，深入挖掘它的历史价值、文化价值与旅游价值。

三、幽默图形的“通用语言”

图形是图像的记号，幽默图形是传播信息的视觉形式。其因造型和色彩方面的夸张、怪异而引人注目，从而起着特殊的信息传达作用。

图形直观与形象的信息传达特点，将对象具体地再现、记录，并较好地呈现出现实、迷幻、夸张的强烈视觉效果。其图像语言的传播效果，是沟通世界的“通用语言”。幽默图形使历史故事在视觉传达中的形象表现出新的可能性。无论设计是具象的还是抽象的，是平面化的还是立体化的，是静态的还是动态的，其目的都是为了创造一种能够迅速传递信息的形象。

图 24　集市

埃德蒙德·胡塞尔在 1907 年致胡戈·冯·霍夫曼斯塔尔的信中，就“艺术直观与现象学直观”的问题曾提到：“艺术家与哲学家不同的地方只是在于，前者的目的不是为了论证和在概念中把握这个世界现象的‘意义’，而是在于直觉地占有这个现象，以便从中为美学的创造性刻画收集丰富的形象和材料。”

通过记忆南海神庙的历史，在设计中用漫画、诙谐、夸张等手法来设计饶有趣味的图形，从而营造一种引人发笑又耐人寻味的幽默意境，来增加历史空间的趣味性。

在设计上，我们把色彩与文化背景联系起来，通过色彩的统一性、一致性构成和谐的性格，目的就在于构筑南海神庙的文化内涵空间。此外，用象征的手法还原历史人物对象，使人物符号具备最大程度的概括性并借此表达思想、理念和精神，把零散的元素组合成一个图形系统，使设计起到最好的传播效果。

图 25　角色形象设计

四、遗产地的精神——在无形和有形之间

南海神庙坐落于广州市以东 80 里的狮子洋边的小山岗上，城东的方位、遥远的距离和临海的环境成为一个方位的定向。南海神庙处于滩涂之处的小丘，“扶胥浴日”是诗意环境的写照。乘船到达是巡游的前奏，背过滩涂的场景增添了世俗气氛。建筑群是一个理想之家的图式，为南海神安排了人间居家生活的居所，神庙内供奉了南海神及其妻儿，还有远洋的客人达奚司空，他们都具有半人间半仙境的官职、身份、美德，形成一幅人神同乐的画卷，汇聚了天、地、人、神。

把握“鸡公榄”、“番鬼望波罗”和“波罗鸡”的造型设计，通过“形象、色彩、性格”的综合体现，让极具岭南民俗特色的视觉艺术形象“动”起来。

图 26　“波罗树”

现象学的直观与“纯粹”艺术的美学直观是相近的，都是在搁置了所有自然观点的情况下研究“现象”这个唯一的被给予性。正是基于现象学与艺术所蕴含的同一思想旨归，使得二者之间的对话成为当下历史情境中所必然的发展方向。

罗西告诉我们：“人们是通过事件的集合记忆，场所的独特性以及表现在形式中的场所标记之间的相互关系来了解历史的。”通过图像传递南海神庙视觉元素，以动画传达的表现手法，使之视觉化、符号化，成为传播和沟通的世界“通用语言”，宣传岭南文化和庙宇文化，突出其特有的品牌价值。南海神庙建筑在不断损毁和重建中动态地保存下来，非物质文化与物质文化交替传递。

岭南
非物质文化遗产
保护研究

第六章 非物质文化遗产的『活态』艺术形式

一、“活态”贯穿于非物质文化遗产传承活动

对非物质文化遗产的研究要有一种“活态”的观念，即生生不息地延续、传承的文化发展观念。克罗齐有句名言：“一切历史都是当代史”，他进一步解释：“假如真是一种历史……它的存在的条件是，它所述的事迹必须在历史学家的心灵中回荡，或者（用专业历史学家的话说）在历史学家面前必须有凭证，而凭证必须是可以理解的。”

非物质文化遗产自始至终都是一个动态的、变化的过程。“活态”贯穿于非物质文化遗产传承活动的始终，包括艺术形式的表达。

“活态”的艺术形式观点：①用可持续发展的眼光来看待非物质文化遗产的保护，注重以人为本，注重传承人的保护；②注重文化空间的保护；③重视全体公民的积极参与；④注重在一定程度上进行开发和产业化。

二、“南海神庙”是中国古建筑的“活化石”

南海神庙历经多次损毁、重建，至今仍传承了唐宋的建筑形制，具有礼制建筑的典型特征。其中南海神庙的头门为周宗庙门堂之制；仪门复廊为春秋之制，属国内孤例。南海神庙对于研究中国古代的建筑形式和礼制制度，特别是对于考证和研究唐代以前的建筑形式和建筑制度等具有重要的历史文化价值，被誉为中国古建筑的“活化石”。南海神庙保存了大量历

代皇帝、官员及文人的祭告、诗文碑刻，被誉为“南方碑林”，历史资料丰富。

图 27　南海神庙

“波罗诞”庙会是岭南民俗文化的非物质文化遗产资源，有海洋文化、民俗文化、庙宇文化等丰富的文化元素，还有“波罗鸡”、“鸡公榄”、“番鬼望波罗”等在民间广为流传的说唱故事，这些都是创意文化的新鲜血液。如何发掘这些文化元素的价值，打造具有地方特色的艺术作品，增加旅游产品的趣味性，丰富旅游文化资源，是创作中主要研究的问题。

南海神庙建筑在不断损毁和重建中动态地保存下来，非物质文化与物质文化交替传递。《魁北克宣言》认为有形与无形遗产的特质不可分割，无形遗产能赋予物件与场所特别的意义、价值与脉络，能赋予场所意义、价值、情感与神秘。南海神庙历史建筑的保护和“波罗诞”民俗庙会不可分割，建筑的“筑造”即是“安居”，无形遗产亦得以传递。

《保护非物质文化遗产公约》告诉我们：非物质和物质文

化遗产都具有传承文脉、弘扬精神的重要价值。强调建筑遗产的价值不仅在于建筑物、构筑物以及空间的实体和物质形态，也在于使用它们和理解它们的方法，以及附着在它们之上的传统、人的记忆与习俗。

非物质文化遗产是以人为主线的活遗产，更注重的是技能、技术、知识的传承，蕴含着民族民间文化特有的精神价值、思维方式、想象力和文化意识。我们要深入发掘南海神庙的特定艺术元素，宣传和提升南海神庙的文化品位，将南海神庙代代相传的“活态”文化延续下去。随着海上丝绸之路研究的深入和“南海一号”的出土，广州市政府投入资金对南海神庙周边环境进行整治，在“海不扬波”牌坊旁挖掘了清代古码头遗址，新建了“扶胥古埠”牌坊等，成为广州有地方特色的旅游景点之一。

三、“波罗鸡”是岭南特色文化的“活化石”

公元594年，隋朝时期，广州的扶胥港“波罗庙码头”是南洋商船的必经地，在通商口岸边，坐落着祭海神的南海神庙。印度波罗人到中国来朝贡，被南海神庙美景迷住了，使者达奚司空（片中名叫“波罗仔”）因贪恋当地风景未赶上船，留在了当地生活，开始了一连串的有趣故事：遇到海中恶龙出来兴风作浪，威胁海民安全，“波罗仔”与他的朋友“波罗鸡”团结民众，与恶龙展开搏斗，保护了地方生灵，为南海神庙的村民带来幸福。

通过对民间“波罗鸡”形象的研究，勾画出富有装饰感的

图 28　民间“鸡公榄”造型

图 29　创作的“鸡公榄”形象

意向表达。鸡冠和面部用朱红色突出其凝重，羽毛和凤尾用纯色的洋红色和鹦鹉绿搭配，之间串起古蓝色，显得更加神秘和乡土，使得这种意向性的语言突出了情感意味。

“波罗鸡”是“神鸡”，随着“波罗诞”庙会成为珠江三角洲地区独具特色的民俗文化品牌，“波罗鸡”能吉祥祈福的传说也受到大众的喜爱。塑造这个品牌形象，使其充当旅游文化的使者，成为岭南非物质文化遗产中的一个招牌，向世界宣传广州，让极具岭南民俗特色的视觉艺术形象“动”起来。

角色形象定位夸张、神似等手法，借助于象征和想象，反映了南海神庙的地域特色和传说故事中的生活、理想和愿望。通过写实、联想，借鉴南海神庙图案元素创作具有岭南民俗特征的民间形象，做到了人物本土化，角色形象艺术化。

四、不断更替的“时—空”感叠加

在脚本构思时，要突出三个特点：一是要通过剧情，将生活当中的现象刻画出来，使人感知，并获得参与的体验；二是反映非物质文化遗产“波罗诞”民俗庙会的百姓自发性、不断更替和延续性过程，使事件活动得以呈现；三是贯穿时间—空间的同步性，过去、现在和未来激发出“时—空”感的叠加。

我们期望以“波罗鸡”为主线，讲述远古的故事和今天人们的美好期望，试图显现南海神庙精神本质的意义；通过表达它特有的岭南艺术和视觉元素：宗教、古建筑、书法、雕刻等，通过动画作品《“波罗鸡”的传说》，再现广州作为对外交通和对外贸易繁荣的一个缩影，将“南海一号”的故事穿插

图 30　剧情场景

图 31　庙宇和集市场景

其中，用动画的夸张、搞笑手法来表现，深入挖掘它的历史价值、文化价值与旅游价值。

镜头的位移使南海神庙的场所得以显现，通过动画情节的叙事记忆过程，呈现时间和空间的共时性。罗西告诉我们：“人们是通过事件的集合记忆，场所的独特性以及表现在形式中的场所标记之间的相互关系来了解历史的。”

五、“波罗诞”庙会的“活态”艺术形式

体现其“活态”的艺术形式必须是在保持其“本真性”的基础上进行传承的，图形、图像、漫画、动画等艺术形式的表现和再现，是将不同时间、不同地域、不同种族、不同背景下口口相传的叙事故事进行一定程度的梳理和总结，传播的过程是一种“活态”化，是继承与变异、一致与差异的辩证结合，为文明发展、社会进步、文化多元提供途径，给艺术与文化的交流、共享、传播带来极大可能性。

在每年的“波罗诞”庙会上，最受游客喜欢的传统工艺品当属“波罗鸡”。广东人对鸡，一向赋以一种特别隆重的意义，因“鸡”与“吉”谐音，象征吉祥，成为人们供奉、祈福的首选。“波罗鸡”也是民间艺术形象化了的“神鸡”，是“真善美”的化身，是祖辈积淀形成的观念，是世代传承的地域文化。通过对“波罗鸡”色彩的分析，归纳出场景和角色形象色彩的基调。

非物质文化遗产的“活态”保护，是与各种不同时空状态下的不同民族、不同文化的广泛理解与认同有关联的。经济越

图 32　“波罗诞”庙会的香客

是全球化，文化越需要本土化，对于“活态”保护要融入时代的特点和地域的因素。通过发展文化产业，进行旅游资源的开发利用，加大宣传力度，提高“波罗诞”庙会的世界文化竞争力。

本土和原创，是自主特色的双关语，在创作中加以诠释，是当今中国动画创作体现民族特征的重要手法。其中，本土图案元素在中国动画创作中发挥了重要作用。图案教育家陈之佛先生于 1928 年提出：“图案是构想图，它不仅是平面的，也是立体的；是创造性的计划，也是设计实施的阶段。”可以说，图案是与人们生活密不可分的艺术性和实用性相结合的艺术形式。中国的图案元素是本土文化的精髓，大量优秀的动画作品都借鉴和应用了中国图案这种艺术形式，其中被使用最多、最有代表性的，是传统纹样、戏曲脸谱图案和宗教艺术中的石窟壁画图案。

岭南本土元素在具有地方特色的动画创作中发挥了重要的

图 33　“南海一号”的游客

作用，使得《“波罗鸡”的传说》动画作品形成角色及场景设计的独特风格，具有鲜明的地方特征。动画角色感情强烈外露，动态明显夸张，场景创作以线稿和数位板上色的表现方法，使得线条和色调个性突出、民俗味强烈、张力十足，是岭南传统图案元素通过现代形式表现的尝试。

在现代性视野下，我们面临各种文化的冲击和挑战，动画创作应继续挖掘和研究地域本土文化，包括不断利用与不同艺术门类相关的图案元素，立足于民俗、民间传统文化，走“民族风格”的道路，对本土民间艺术的深入研究和合理利用将成为民俗动画创作的可行之路。

图 34　码头贸易场景

岭南

非物质文化遗产
保护研究

第七章 面向未来的非物质文化遗产保护

一、“培养”非物质文化的“根”，随着岭南文化、岭南精神“长”

在文化信息全球化的进程中，非物质文化遗产原生的文化土壤不可避免要受到影响，当非物质文化遗产所赖以生存的文化土壤发生变化时，非物质文化遗产势必会受到冲击和更替，而传统文明、现代文化便开始了与时俱进的传承变异。非物质文化遗产的不断传承变异，使代代相传的非物质文化在创新的同时也可能被同质化。因此要具有“培养”的观点，用“生长”的眼光去关注它，使非物质文化遗产原生的文化土壤“根”，随着全球化视野和岭南文化、岭南精神“长”，并激发起群众对文化多样性及人类创造力的尊重。

图形记录是艺术创造力的载体。通过文字、图像、仪式，使“波罗诞”民俗庙会活动得以呈现，贯穿了时间—空间的同步性，将过去、现在和未来同时叠加，是“有形”和“无形”的结合，是“静态”到“动态”的转变。“非物质文化遗产都是几百年、几千年传下来的，为什么能传下来，千古不绝？就在于有灵魂，有精神。一脉文心传万代，千古不绝是真魂。文脉就是一个民族的魂脉。”

对非物质文化遗产创造、传承、保护和发展是一种动态保护，也就是保护好非物质文化遗产赖以存在的“生态场”，使其保持生命力，活在民间，传承下去。真正的创新，是在不改变遗产的“原真性”和“完整性”的基础上进行的，这也是非物质文化遗产能否在当代甚至未来继续留传下去的决定性因素。

图 35　南海神庙街景

二、基于非物质文化传递的历史建筑可持续保护

在人类社会，文化的传承载体是人而不是器物，器物只是文化传统的物化表现，而不是文化传统本身。南海神庙不只是一座建筑，更是一个民俗崇拜的地点、一个历史事件发生的场所，非物质的意义超越了实际的建筑物。南海神庙的历史建筑保存至今，在于非物质文化的延续和传递，通过持续的修缮和筑造来传递文化，又以世代传递的方式，实现了历史建筑的延续和传承。

“对具体文化事象的保护，要尊重其内在的丰富性和生命特点。不但要保护非物质文化遗产的自身及其有形外观，更要

图 36　“扶胥港”码头一角

注意它们所依赖、所因应的构造性环境。”南海神庙是“波罗诞”庙会的生存环境和事件发生地，它们之间不可割裂开来“保护”，否则只能是切断其自我更新、自我创造的能力，最终使岭南传统的民族文化的根基受损。

南海神庙的保护应立足于对历史建筑物更替现象的肯定和传承，以动态、持续的方式，保持信息和文化传递的原真性与完整性，确保历史记录的完整性和延续性。重要的是：对建造、维护活动的习俗、程序和仪式进行保护、培育和传承，将建造活动仪式化和神化，整合建造、庙会、祭祀、民俗等非物质文化，实现文化的可持续传递，使建筑物成为凝聚和传递非物质文化的场所。

三、创 新 点

（1）面向未来的非物质文化遗产保护，传递过去到未来。

（2）“培养”的观点、“生长”的眼光，非物质文化遗产原生的文化土壤“根”，随着全球化视野和岭南文化、岭南精神“长”。

（3）南海神庙是凝聚和传递非物质文化遗产的场所，“遗产地的精神——在无形和有形之间”。

（4）“活态”传递，用镜头记录，使“波罗鸡”产生新的时代特征和新形象。

（5）中国之意象思维与西方现象学的跨文化逻辑重组，用艺术现象学解析“波罗诞”庙会的传说故事，勾勒跨文化传播的意义和前景。

（6）具有非物质文化遗产的岭南艺术元素，通过动画的载体再现。

四、南海神庙的现状

南海神庙在历史上历经多次重建，“文革”期间也遭受损毁，现有建筑物是在清初建筑遗址的基础上，1985 年由龙庆忠先生主持进行复建，主要建筑物均依照原型重建，神庙的布局具有唐代建筑的遗风，自“海不扬波”的石牌坊起，建筑物由南向北沿中轴线对称布置，前临古码头，后靠小山岗，前低后高，组成气势非凡、雄伟壮观的完整建筑群。

2003 年 9 月，黄埔区政府为继续保护和提升南海神庙的历史文化价值、改善景观环境，扩大了南海神庙周边配套景观建设。建成北广场及商业街区、滨水公园区、水道码头及南广场、庙头村商业区等 4 大主要功能区，并重开通海水道。

2008 年，南海神庙成为总面积达 38 公顷的大型文化旅游景区。

2011 年 6 月，“波罗诞”庙会被录入第三批国家级非物质文化遗产名录，并成功晋级国家 4A 级旅游景区。

五、政府的保护措施

南海神庙 1962 年成为广东省重点文物保护单位，2001 年市政府进一步加强了南海神庙保护及旅游景观规划等工作，使南海神庙的保护工作从历史建筑保护单位拓展为对历史街区的保护，并进一步发展为对物质文化和非物质文化并重的、全面的文化遗产保护。

自 2005 年始，广州民俗文化节永久落户黄埔区，并在每年农历二月十一日至十三日举办广州民俗文化节暨黄埔“波罗诞”千年庙会。

2006 年 7 月，为配合迎接瑞典“哥德堡Ⅲ号”仿古商船复航访问广州的活动，举行了盛大隆重的祭海仪式，为“哥德堡Ⅲ号”祈福。

2012 年首届岭南民俗文化节主会场也落户黄埔，依托“波罗诞”庙会同步举行。

南海神庙和“波罗诞”庙会已成为代表广州历史文化的“羊城八景”之一和岭南民俗精神的象征。

岭南
非物质文化遗产
保护研究

•

结语